I0144087

Remerciements

Je suis vraiment reconnaissante avec toutes les personnes qui ont partagé leur sagesse, qui m'ont guidée, inspirée, et m'ont soutenue dans la création de " Ce dont j'ai rêvé l'autre nuit"

Gloria Cristina Garcia Vargas

Kathy Volachovic

Bernie Baker

Tina Nagy

Darlene Capela

Bernadette Connors

KRASH

Beth Trombley

Garderie ABC Daycare of Ashtabula, Ohio

Ma famille et amis

Bob DeJohn

"Ce dont J'ai rêvé l'autre nuit"

Première édition est la propiété de © Hilda S. Jarvis 2013

ISBN 978-0-9897-402-2-7

Publié par les soins de

Relaxing for Health

P.O. Box 3067

Ashtabula, Ohio 44005

www.RelaxingforHealth.com

Layout et préproduction fait par

KRASH

www.placemarkbooks.com

J'ai le plaisir et l'honneur de dédier
Ce dont J'ai rêvé l'autre nuit
à l'enfant qui sommeille dans chacun d'entre
nous! L'enfant dans notre cœur qui est plein de
paix, d'amour, de joie, et de sagesse!

Ce dont J'ai rêvé l'autre nuit

Ecrit et illustré par

Hilda S. Jarvis

Salut ! Je m'appelle Lune Étoile.
L'autre nuit j'ai eu un
merveilleux rêve.
J'ai rêvé que je
faisais partie de
l'univers!

Je me souviens,
en train de respirer
profondément et lentement.
Et quand j'inspirais toutes les
petites parties de mon corps,
celles appelées cellules,
étaient très heureuses et
remplies
d'une énergie extraordinaire.

Alors, quand j'expirais,
je flottais vers l'espace,
comme si j'étais formée de
lumière électrique,
en train de briller par tout
l'univers!

Je voyais de surprenants feux
d'artifice de couleurs très vives
et vibrantes
par tout l'espace!

9

Je me sentais flotter comme
une étoile, qui bouge, qui brille
et qui éclate remplie
de joie et paix!

Je voyais beaucoup d'étoiles brillantes et galaxies colorées, qui flottaient en parfaite harmonie, tournant en cercles.

13

J'étais très belle,
aimant l'univers,
et
l'univers m'aimait lui aussi.

Je sentais comme mon corps tout entier dansait comme si j'étais,
un énorme cœur remplie d'amour !

Après,
j'ai entendu une voix que me
murmurait tout doucement:
"C'est de cette façon qu'on
connecte l'amour dans le cœur".
C'était
un beau sentiment!
J'étais heureuse et ravie!

Après mon réveil je continue à ressentir toutes ces émotions de façon permanente, jour et nuit.

Mais quand je me sens mal,
seule ou triste, je sais que
quand
je sors et
je vois les arbres, les plantes,
les fleurs et les étoiles,
la lune et le soleil,
les oiseaux et le ciel,
je suis capable de me
reconnecter avec l'amour dans
mon cœur.

Alors quand j'embrasse ma
mère et mon père,
mon frère et ma sœur,
ma grand-mère et mon
grand-père,
je peux sentir l'amour dans
leurs cœurs,
et je me sens complètement
heureuse, gaie et pleine de
paix!

Maintenant que tu as lu le con-
tenu de mon rêve,
j'espère que tu peux sentir ce
que je sens encore.
C'est si beau et si réel, nous
sommes amour!
Et l'amour c'est une chose,
extraordinaire à donner.
Vivons en harmonie et en paix.

27

Et souviens-toi...
Tu es magnifique!
Car
Tu viens de l'amour,
L'amour est tout ce que nous sommes
et tout ce dont nous avons besoin!

Je t'aime!

I LOVE YOU

Les enfants sont si en contact avec le ciel et la Terre! Tout en travaillant avec les illustrations de ce livre, j'ai eu l'occasion de lire l'histoire à un groupe d'enfants de 4-6 ans. Voici quelques-uns de leurs dessins:

SOLEIL ET ÉTOILES
ZOEY
AGE 6

SOLEIL, CIEL, UNIVERS
RILEY
AGE 6

FILLE JOUANT À L'EXTÉRIEUR
MARIAN
AGE 6

EN REGARDANT LES ÉTOILES
MICHAEL
AGE 6

LES CÂLINS DU SOLEIL
VITORIA
AGE 6

ÉTOILES
SAM
AGE 5

LE MONDE
ARIELLE
AGE 5

33

TERRE ET SOLEIL
AYDEN
AGE 5

CIEL ET CŒURS
NIKLAS
AGE 4

LE MONDE ET LES ÉTOILES
MATTHEW
AGE 6

34

DES CÂLINS
AIDEN
AGE 5

L'UNIVERS
KARI
AGE 6

SE SENTIR COMME UNE ÉTOILE
SYRISSA
AGE 5

Et toi, que penses-tu de mon livre?
Ici tu peux faire ton propre dessin!

www.ingramcontent.com/pod-product-compliance
Lightning Source LLC
Chambersburg PA
CBHW041220040426
42443CB00002B/30